全国中等职业技术学校汽车类专业教材

汽车电控发动机构造与维修
习题册

中国劳动社会保障出版社

图书在版编目(CIP)数据

汽车电控发动机构造与维修习题册/金君堂主编. —北京：中国劳动社会保障出版社，2013

全国中等职业技术学校汽车类专业教材

ISBN 978-7-5167-0509-4

Ⅰ.①汽…　Ⅱ.①金…　Ⅲ.①汽车-电子控制-发动机-构造-中等专业学校-习题集②汽车-电子控制-发动机-车辆修理-中等专业学校-习题集　Ⅳ.①U472.43-44

中国版本图书馆CIP数据核字(2013)第186648号

中国劳动社会保障出版社出版发行

（北京市惠新东街1号　邮政编码：100029）

出 版 人：张梦欣

*

北京市科星印刷有限责任公司印刷装订　　新华书店经销

787毫米×1092毫米　16开本　4.25印张　99千字

2013年12月第1版　　2024年12月第15次印刷

定价：8.00元

营销中心电话：400-606-6496

出版社网址：http://www.class.com.cn

http://jg.class.com.cn

目　录

第1章 汽油机电控发动机技术概述

§1—1 汽油机电子控制技术及其发展

一、填空题（将正确答案填写在横线上）

1. 汽油喷射技术经历了三个技术发展阶段：第一阶段为1952—1957年，这一阶段的主要特征是____________________________________；第二阶段为1957—1979年，这一阶段的主要特征是____________________________________；第三阶段为1979年以后，这一阶段的主要特征是____________________________________。

2. 汽油机电子控制技术经历了从模拟电路到________电路，从单一控制到________控制的发展过程。

二、简答题

电控燃油喷射系统的优点有哪些？

§1—2 汽油机电子控制系统的组成

一、填空题（将正确答案填写在横线上）

1. 汽油发动机电子控制系统主要由三部分组成，即____________、______________和__________。

2. 发动机电子控制系统中常见传感器包括____________（MAF）、____________

(MAP)、__________（CKP）、__________（CMP）、__________（TPS）、__________（ECT）、__________（IAT）、__________（HO_2S）、__________（KS）和车速传感器（VSS）。

3. 曲轴位置传感器也被称为________传感器，用于检测________、__________和__________。

4. 空气流量传感器又称_______，它能_______测量单位时间内发动机进气量大小。进气压力传感器根据发动机的负荷状态测量进气歧管内的_______。两者作为决定基本喷油和基本点火提前角的最重要的_______信号。

5. 凸轮轴位置传感器又称_______传感器，其功用是判定该时刻发动机每个气缸所处工作状态。

6. 节气门位置传感器的作用是检测_______的开度，用于判断发动机运行工况。

7. 发动机电子控制系统中常见输入信号包括_______信号（STA）、_______信号（IGSW）、_______信号（BAT）、_______信号（PS）、_______信号（A/C）和空挡启动开关信号（NSW）。

8. 动力转向开关是在_______油路上安装一个压力开关，其作用是通过该开关检测动力转向系统的工作状态，判断发动机负荷是否增加。

9. 发动机电子控制系统常见的主要执行元件包括_______、_________、_________、__________、冷却风扇继电器、__________、可变气门正时电磁阀、空调压缩机继电器、涡轮增压器电磁阀、发电机励磁电路和___________。

10. ECM（Engine Control Module）即_______模块，PCM（Powertrain Control Module）即_________模块。

二、判断题（对的打“√”，错的打“×”）

1. 空气流量传感器也称空气流量计（MAF），它能直接测量单位时间内发动机进气量大小。（　）

2. 空气流量传感器安装在空气滤清器与节气门体之间。（　）

3. 车速传感器通常安装在车轮轮毂上。（　）

4. 执行器是受传感器控制，具体执行某项功能的装置。（　）

5. 当车辆排放超过标准的1.5倍时，故障警告灯点亮。（　）

6. ECU原指Engine Control Unit，即发动机控制单元，但是随着汽车电子的迅速发展，ECU的定义变成了Electronic Control Unit，即电子控制单元，泛指汽车上所有电子控制系统。（　）

7. A/D转换器将数字信号转换成模拟信号。（　）

8. 由于计算机只能识别二进制数，所以对于传感器输入的模拟信号必须经过数字化处理后，才能进行存储、传送及计算等处理。（　）

9. 当电源后备电路断开或蓄电池上的电源线拔掉时，存入RAM的数据都会丢失。（　）

10. ROM用于存储固定数据，断电后，所存内容不会丢失。（　）

三、选择题

1. （　　）能直接测量单位时间内发动机进气量大小。

A. 空气流量传感器　　B. 进气压力传感器

C. 曲轴位置传感器　　D. 冷却液温度传感器

2. （　　）用于检测活塞上止点、曲轴转角和发动机转速。

A. 凸轮轴位置传感器　　B. 曲轴位置传感器

C. 爆震传感器　　D. 节气门位置传感器

3. （　　）又称为气缸识别传感器。

A. 凸轮轴位置传感器　　B. 曲轴位置传感器

C. 爆震传感器　　D. 节气门位置传感器

4. （　　）的作用是检测汽车发动机排出的燃烧废气中氧的含量。

A. 冷却液温度传感器　　B. 进气温度传感器

C. 爆震传感器　　D. 氧传感器

5. （　　）的功用是把传感器输入的各种信号进行放大、滤波、整形等一系列的处理，将其转换成单片机可以识别的标准信号。

A. 输入电路　　B. A/D 转换器

C. 输出电路　　D. 输入/输出接口

四、名词解释

1. 传感器

2. 执行器

五、简答题

1. ECU 有哪些基本功能?

2. 简述 ECU 的基本组成。

§1—3 现代汽油机电子控制系统的控制功能及控制方式

一、填空题(将正确答案填写在横线上)

1. 电控汽油喷射系统简称________。

2. 发动机管理系统的主要控制项目包括________控制和________控制,辅助控制项目包括________控制、________控制、__________控制、______________控制、__________控制、冷却风扇控制、空调压缩机控制、____________控制(EGR)、增压压力控制和二次空气控制。

3. 燃油喷射控制系统的控制内容包括__________控制、__________控制、__________控制和____________控制。

4. 点火控制系统的控制内容包括________控制、________控制和________控制。

二、判断题(对的打"√",错的打"×")

1. 废气再循环(EGR)控制用于降低排气中 NO_x 的排放量。 ( )

2. 活性炭罐清污电磁阀控制用于将活性炭吸附的汽油蒸气吸入进气管，进入发动机燃烧，降低汽油蒸气排放。 （ ）

三、简答题

1. 简述排放控制的控制内容。

2. ECU 对燃油喷射系统的控制内容有哪些？

§1—4 电控发动机的发展趋势

一、填空题（将正确答案填写在横线上）

1. 为了节能及降低尾气污染，汽车发动机的发展方向主要表现在________、________________、________________和新型材料的应用几个方面。

2. 按目前电动汽车技术的发展方向或车辆驱动原理，电动汽车一般分为____________、______________和______________三大类。

二、判断题（对的打“√”，错的打“×”）

1. HCCI（Homogeneous Charge Compression Ignition）的意思是“均质充量压燃”，简单来说就是汽油机的一种压燃方式。 （ ）

2. 混合动力汽车是指同时装备两种动力来源——热动力源（由传统的汽油机或者柴油

机产生）与电动力源（电池与电动机）的汽车。 （ ）

3. 混合动力汽车不需要燃烧汽油，是零排放汽车。 （ ）

三、简答题

1. 汽油机增压发动机如何节油？

2. 什么是混合动力汽车？它有哪些特点？

§1—5 汽油机电控燃油喷射系统的组成及分类

一、填空题（将正确答案填写在横线上）

1. 汽油机电控喷射系统按系统控制模式可分为________控制和________控制两种类型。按喷油器数目进行分类，又可分为________喷射和________喷射两种形式。按喷油器的喷射方式可分为________喷射和________喷射两种形式。按喷油器的喷射部位分为________喷射和________喷射。按空气进气量的检测方式可分为________检测和________检测。

2. 间歇喷射按喷射时序的不同分为__________喷射、__________喷射和__________喷射三种形式。

3. 电控汽油喷射系统大致可分为__________、__________和__________三个部分。

4. 燃油系统一般由油箱、________、________、________、__________、________及供油总管等组成。

5. 对于多点间歇喷射发动机，喷油正时分为________喷射和________喷射。

二、判断题（对的打“√”，错的打“×”）

1. 闭环控制系统又称反馈控制系统。（　）
2. 机电混合式燃油喷射系统燃油的计量通过电控单元控制喷油器来实现。（　）
3. 直接测量式电控系统采用进气歧管绝对压力直接测量发动机单位时间吸入的空气量。（　）
4. 同步喷射是指在既定的曲轴转角进行喷射。（　）

三、名词解释

1. 分组喷射

2. 顺序喷射

第2章　空气供给系统主要元件的构造与检修

§2—1　空气供给系统的组成

一、填空题（将正确答案填写在横线上）

1. 空气供给系统主要由空气滤清器、____________、____________、____________、____________和____________等组成。

2. 根据空气流量的测量方式不同，空气供给系统有________进气系统、________进气系统和________进气系统三种。

二、判断题（对的打"√"，错的打"×"）

1. 速度密度式进气系统是利用进气歧管绝对压力传感器测得进气歧管中的绝对压力，然后根据绝对压力值和发动机转速推算出每一循环发动机吸入的空气量。（　　）

2. 进气总管用于提供一个相对稳定的压力环境，消除各缸进气干扰，可改善各缸进气的均匀性，并起谐振进气的作用。（　　）

3. 空气滤清器还是一个扩张消声器，可以消除发动机排气行程中所产生的一定程度的噪声。（　　）

三、选择题

1. 空气供给系统中用于控制进入发动机空气量的部件是（　　）。

A. 空气流量传感器　　B. 进气压力传感器
C. 节气门　　D. 进气温度传感器

2. 节流速度式进气系统是利用（　　）和发动机转速来间接计算每一循环发动机吸入的空气量。

A. 空气流量传感器　　B. 进气压力传感器
C. 节气门开度　　D. 进气温度传感器

3. 空气供给系统中的（　　）根据发动机 ECU 控制信号，控制发动机怠速控制下的进气量，从而实现发动机怠速转速的最佳控制。

A. 空气流量传感器　　B. 进气压力传感器
C. 节气门开度　　D. 怠速控制阀

4. 空气供给系统中用于测量发动机进气温度的是（　　）。

A. 空气流量传感器　　B. 进气压力传感器
C. 节气门开度传感器　　D. 进气温度传感器

5. 电控燃油系的空气供给系统中，检测进气压力的是（　　）。

A. 怠速旁通阀　　　　B. 进气压力传感器

C. 空气滤清器　　　　D. 进气管

四、简答题

1. 简述空气供给系统的作用。

2. 简述空气滤清器的作用。

§2—2　空气流量计

一、填空题（将正确答案填写在横线上）

1. 空气流量计简称________，它能________测量单位时间内发动机进气量大小，并将吸入的空气流量转换成________V 的电信号输入电子控制单元。

2. 采用____________的发动机电控燃油喷射系统称为 L 型电控发动机系统。

3. 空气流量计分为叶片式空气流量计、卡门涡流式空气流量计、________________和________________。

4. 卡门涡流式空气流量计根据旋涡频率的检测方式不同分为________式卡门旋涡空气流量计和________式卡门旋涡空气流量计。

5. 热膜式空气质量计根据白金热线在壳体内安装的部位不同，可分为__________式和________式两种结构形式。

6. 热线式空气质量计主要由________、________、________________________________以及壳体等组成。

7. 如下图所示，桑塔纳 2000GSi 型汽车热膜式空气流量计的插头共有五个端子，其中 1 号端子为空脚，2 号端子为________，3 号端子为 ECU______，4 号端子为________，5 号端子为________。

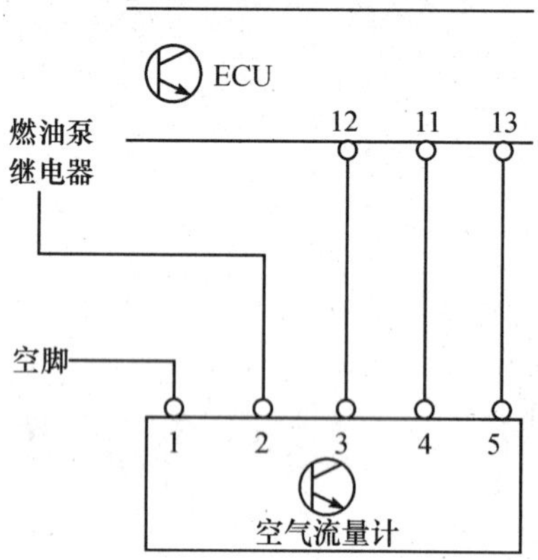

8. 桑塔纳 2000GSi 型汽车发动机怠速运转时，空气质量值一般为________，如果显示值小于 2.0 g/s，则说明进气系统有________故障存在或空气流量计________；如果显示值大于 4.0 g/s，则说明发动机负荷________，空气流量计性能或相关控制电路不良。

9. 热膜式空气流量计的信号电压一般随着进气量的增大而________。

二、判断题（对的打“√”，错的打“×”）

1. 空气流量传感器安装在节气门的后方。 (   )

2. 热线式空气流量计和热膜式空气流量计可以消除进气温度对测量值的影响。 (   )

3. 热线式空气流量计利用空气流经发热体时带走其热量，根据被带走的热量判断进气量的多少。 (   )

4. 热线式空气流量计中混合集成电路控制热线的温度始终保持比空气流温度高 100℃。 (   )

5. 热膜式空气流量计的结构和工作原理与热线式空气流量计基本相同，只是将发热体由热线式改为热膜式。 (   )

6. 热膜式空气流量计具备自动“烧净”（Burn-OFF）功能。 (   )

7. 空气流量计提供燃油喷射和点火控制的主控制信号。 (   )

8. 热膜式空气流量传感器使发热体不直接承受空气流动所产生的作用力，减小了发热

体的强度，降低了流量计的可靠性。（　　）

9. 检测热线式空气流量传感器的电压变化过程中，当吹空气时，电压为0.8 V；不吹空气时，电压为2.0 V。（　　）

10. 热气周围流过的空气质量越大，被带走的热量越少。（　　）

三、选择题

1. 下列属于质量流量型的空气流量计的是（　　）。

A. 叶片式空气流量计　　B. 热膜式空气流量计

C. 卡门旋涡式空气流量计

2. 利用空气流量计直接测量发动机的进气量，该电控燃油喷射系统属于（　　）。

A. K型　　B. KE型　　C. D型　　D. L型

3. （　　）空气流量计具有自净功能，当关闭点火开关时，ECU向空气流量计发出一个信号，控制电路立即给热丝提供较大电流，使热丝瞬时升温至1 000℃左右，把附着在热丝上的杂质烧掉。自洁净功能持续时间为1～2 s。

A. 热膜式　　B. 热线式　　C. 卡门涡流式　　D. 翼板式

4. 桑塔纳2000GSi型汽车发动机空气流量计为（　　）。

A. 进气歧管绝对压力传感器　　B. 叶片式

C. 卡门旋涡式　　D. 热膜式

5. 电控汽油喷射发动机中，采用流量方式计量进气量的系统是利用（　　）。

A. 进气歧管绝对压力和发动机转速计算吸入的空气量

B. 节气门的开度和发动机转速计算吸入的空气量

C. 节气门的开度和进气歧管绝对压力计算吸入的空气量

D. 空气流量计及发动机转速信号计算吸入的空气量

四、简答题

1. 简述热线式空气流量计的工作原理。

2. 热线式空气流量计为什么可以消除进气温度对测量值的影响？

§2—3 进气歧管绝对压力传感器

一、填空题（将正确答案填写在横线上）

1. 进气歧管绝对压力传感器简称________，它能将进气歧管内绝对压力的变化转换成________V电压信号。

2. 采用进气歧管绝对压力传感器的电控发动机系统称为________型电控发动机系统。

3. 进气歧管绝对压力传感器分为________、电容式、差动变压器式和表面弹性波式。

4. 半导体压敏电阻式压力传感器是利用半导体的________效应制成的。主要是由________和把变换元件输出信号进行________的混合集成电路等构成的。

5. 发动机怠速运转，使用KT600进入发动机控制系统测量动态数据，进气歧管压力应为________左右。急加速时应高于________，急减速时应________17 kPa。

6. 气管压力传感器所测量的压力是发动机节气门________的绝对压力。

7. 发动机运转时进气歧管内绝对压力的大小取决于________________和____________________________。

8. 怠速时进气歧管真空度应为____________kPa。

9. 大气压力传感器（BARO）的作用是向发动机控制单元传送一个________修正信号。常安装在________、前保险杠内或ECU内部等位置。

10. 三线式进气压力传感器的三个端子分别为________端子、________端子和________端子，其中供电端子提供的参考电压值一般是________V。

11. 半导体压敏电阻式压力传感器薄膜周围有四个应变电阻，以________电桥方式连接。

二、判断题（对的打“√”，错的打“×”）

1. 采用进气歧管绝对压力传感器的电控燃油喷射发动机系统的进气量并不直接测定。（　　）

2. 进气歧管绝对压力传感器一般安装在进气门后部的进气管上并且处于进气管的下方。（　　）

3. 空气流量计与进气管绝对压力传感器相比，前者检测的进气量精度更高一些。 （　　）

4. 测量进气管绝对压力传感器输出的信号电压，随着真空度的增加而下降。 （　　）

5. 进气歧管绝对压力传感器与空气流量计的作用是相当的，所以一般车上这两种传感器只装一种。 （　　）

6. 在相同转速下，节气门开度越小，进气歧管的压力就越低（即真空度越大）；在相同节气门开度下，发动机转速越高，该压力就越低。 （　　）

7. 有的车辆用进气歧管压力传感器在点火开关打开瞬间的信号来提供大气压力信号，故取消了大气压力传感器。 （　　）

8. 进气歧管绝对压力传感器应用在 L 型 EFI 汽油喷射系统中。 （　　）

9. 半导体压敏电阻式压力传感器的特点是尺寸小，精度高，响应性、再现性、抗振性好，且生产成本低，得到广泛应用。 （　　）

三、选择题

1. 在 D 型电控发动机系统中，（　　）决定基本喷油和基本点火提前角的主控信号（负荷信号）。

A. 空气流量计　　B. 进气歧管绝对压力传感器

C. 节气门　　D. 水温传感器

2. 进气歧管压力传感器在当今发动机电子控制系统中应用较为广泛的是（　　）。

A. 半导体压敏电阻式　　B. 半导体压敏电容式

C. 膜盒传动的可变电感

3. 在发动机熄火状态下，进气歧管压力应（　　）大气压力。

A. 等于　　B. 大于　　C. 小于

4. 电控发动机进气压力传感器的参考电压值一般是（　　）V。

A. 5　　B. 8　　C. 9　　D. 12

5. D 型电喷发动机当发生真空泄漏时，发动机怠速会（　　）。

A. 降低　　B. 不变　　C. 增高　　D. 熄火

四、名词解释

压阻效应

五、简答题

1. 进气歧管绝对压力传感器的检测流程有哪些？

2. 简述进气歧管绝对压力传感器的工作原理。

§2—4 温度传感器

一、填空题（将正确答案填写在横线上）

1. 汽油机电控系统中设置的温度传感器包括__________、__________、______________和________________等。

2. 在进气温度和水温传感器中应用较多的是__________式温度传感器。

3. 热敏电阻按半导体的电阻与温度的特性关系可分为______________、____________和临界温度热敏电阻。

4. 冷却液温度传感器通过两根导线与 ECU 相连，一根为________线，另一根为______线，由 ECU 提供__________。

5. 当冷却液温度低时，水温传感器中热敏电阻的阻值________，信号电压（THW）值________；反之，当冷却液温度升高时，热敏电阻的阻值________，信号电压（THW）值________。

6. 发动机处于冷启动或暖机工况，此时燃油蒸发性________，ECU 应________喷油量。

7. 当进气温度高时，进气温度传感器信号电压________，空气密度________，此时应________喷油量。

二、判断题（对的打“√”，错的打“×”）

1. 水温传感器作为控制燃油喷射、点火时刻、怠速和尾气排放控制的重要修正信号。（　）

2. 当信号电压（THW）值高时，ECU 判定冷却液温度低，此时燃油蒸发性差，ECU 应增加喷油量，使混合气的浓度增大，以改善发动机的冷机运转性能。（　）

3. 进气温度传感器用于检测进气温度，给 ECU 提供进气温度信号，作为燃油喷射和点火正时控制的主控信号。（　）

4. 无论是采用进气歧管绝对压力传感器，还是采用体积流量型的空气流量计，为了计算进气质量都需要精确地测量进气温度。（　）

5. 进气温度传感器采用正温度系数的热敏电阻。（　）

6. EGR 监测温度传感器的作用是检测 EGR 阀下游再循环气体的温度变化情况，由此来监测 EGR 阀的工作状况。（　）

7. 水温传感器工作性能的好坏对发动机喷油量没有影响。（　）

8. 当进气温度高时，热敏电阻的阻值大，传感器输入 ECU 的信号电压高，ECU 控制发动机减少喷油量。（　）

9. 当水温较低时，水温传感器的电阻值大；水温高时，电阻值小。（　）

10. 进气温度传感器只起修正喷油量的作用，不起修正喷油正时的作用。（　）

三、选择题

1. 负温度系数热敏电阻随温度升高，阻值（　）。

A. 上升　　B. 下降　　C. 不变　　D. 不确定

2. 电控发动机进气温度传感器用来检测（　）温度。

A. 进气　　B. 排气　　C. 冷却液　　D. 机油

3. 正温度系数热敏电阻随温度升高，阻值（　）。

A. 不变　　B. 下降　　C. 上升　　D. 不确定

4. 当进气温度（　）℃时，空气密度低，可适当减少喷油时间。

A. 为 20　　B. 大于 20　　C. 小于 20　　D. 为 15

四、名词解释

热敏电阻

五、简答题

1. 进气温度传感器的安装位置有哪几种形式?

2. 简述进气温度对发动机喷油量的影响。

3. 简述排气温度传感器的作用。

4. 简述冷却液温度传感器的检测流程。

§2—5 节气门体及节气门位置传感器

一、填空题（将正确答案填写在横线上）

1. 驾驶员通过操作加速踏板来控制__________的大小，改变进气通道截面积的大小，从而控制发动机的运行工况。

2. 节气门体按加速踏板和节气门的连接方式分为______________连接和__________连接两种。__________连接方式取消了传统机械连接的油门拉线，节气门开度通过电控单元控制，因此又称__________系统（ECT）。

3. 节气门位置传感器按总体结构不同可分为__________、__________和综合式三种。

4. IDL 表示__________触点，在怠速工况运行时，节气门位置传感器的怠速触点__________。在正常运行工况下，节气门位置传感器的怠速触点________。

5. 开关型节气门位置传感器主要由三个触点组成，即__________、__________和__________。

6. 节气门位置传感器信号输出端子 VTA 与 E2 端子之间的电阻值应随节气门开度的增大而____________。

7. 四线式线性输出节气门位置传感器相对于三线式线性输出节气门位置传感器而言，前者多了______________________。

8. 电子节气门体主要由____________、两级降速齿轮、____________、____________、____________、应急弹簧等组成。

二、判断题（对的打“√”，错的打“×”）

1. 开关量输出型节气门位置传感器既能测出发动机怠速工况和大负荷工况，又能测出发动机加速工况。（　　）

2. 当发动机在高转速运行下节气门突然关闭时，将切断喷油。（　　）

3. 有些车型的节气门体上设有加热水管，其目的是防止寒冷季节空气中的水分在节气门体上冻结。（　　）

4. 节气门体的作用是控制发动机正常运行工况下的进气量。（　　）

5. 流入进气室的空气量取决于节气门开度和发动机转速。（　　）

6. 节气门位置传感器用来检测节气门的开度及开度变化。（　　）

7. 当发动机在高转速运行下节气门突然关闭时，ECM 将切断喷油，防止混合气过浓。（　　）

8. 节气门位置传感器装在节气门体上，跟随节气门轴同步转动。（　　）

9. 节气门位置传感器是不需要调整的。（　　）

10. 电位计式节气门位置传感器输出的电压信号中，节气门全关时电压值应为 5 V。（　　）

三、简答题

1. ECU 根据节气门位置传感器的信号可以判断发动机的哪几种工况？

2. 简述节气门位置传感器的作用。

第 3 章　燃油喷射系统主要元件的构造与维修

§3—1　燃油供给系统的组成

一、填空题（将正确答案填写在横线上）

1. 燃油供给系统包括________、__________、__________、__________、__________和__________等。

2. 现代汽车发动机多采用________、__________式纸质汽油滤清器。

3. 纸质滤芯无须清洗，一般每行驶______km 需更换。更换时，应注意滤清器上箭头所指的______方向。

二、简答题

1. 简述燃油供给系统的工作过程。

2. 简述燃油滤清器的作用。

§3—2 电动燃油泵

一、填空题（将正确答案填写在横线上）

1. 电动汽油泵按安装位置不同分为______和______。

2. 电动燃油泵按结构不同分为__________、__________、________和__________。

3. 叶片泵主要由______________、____________、______________、____________、____________、____________等组成。

4. 电动汽油泵多装于________内部。

5. 限压阀的作用是当油压超过________MPa时，使汽油流回油箱，以防油压过高损坏______或油管。

6. 单向止回阀的作用是当发动机停车后，止回阀________，防止管路中的汽油倒流回______，借以保持管路中有一定的残压，以便于发动机的再启动。

二、判断题（对的打"√"，错的打"×"）

1. 电控燃油喷射系统油压一般为0.2～0.45 MPa。（　　）

2. 现代汽车多采用内置式汽油泵。（　　）

3. 转子泵的内转子比外转子少一个齿。（　　）

4. ECU控制的燃油泵控制电路主要应用在装用D型EFI和装用热膜（丝）式、卡门旋涡式空气流量计的L型EFI系统中。（　　）

5. 电动汽油泵上两个接线端子间的电阻值应为2～3 Ω（20℃时）。（　　）

6. 一般经汽油滤清器过滤后的供油量为0.6～1 L/30 s。（　　）

7. 在进行燃料系的维修工作之前都应先拆下蓄电池的负极搭铁。（　　）

8. 安装油泵密封圈时先用汽油将密封圈润湿。（　　）

9. 油泵供电端子电压不得低于9 V。（　　）

10. 油管可直接拆卸，无须泄压。（　　）

三、简答题

1. 内置式汽油泵有哪些优点？

2. 简述叶片式汽油泵的工作原理。

3. 简述下图油泵控制电路工作过程。

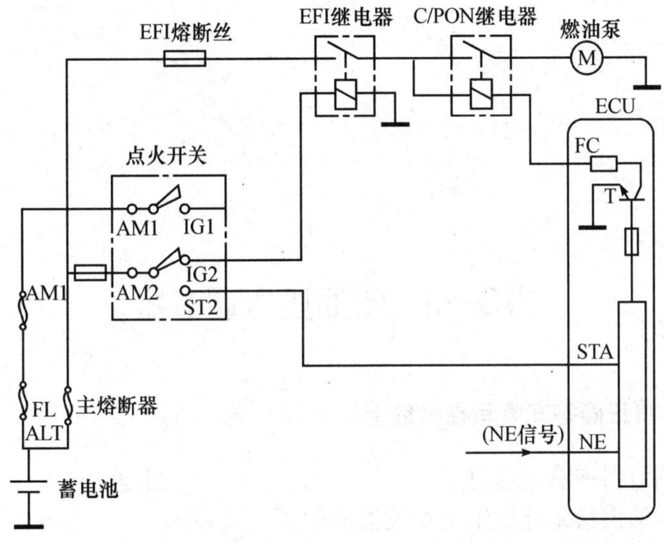

4. 简述电动燃油泵供油量的检查方法。

5. 简述汽油泵的安装步骤。

§3—3 燃油压力调节器

一、填空题（将正确答案填写在横线上）

1. 燃油压力调节器弹簧室通过__________与__________相通。
2. 无回油管燃油供给系统提供给喷油器的油压保持在约________ kPa。
3. 检测怠速工作油压时，拔下真空管时油压应上升至________kPa，否则应更换油压调节器。

二、判断题（对的打“√”，错的打“×”）

1. 燃油压力调节器工作不良时可对其进行维修来保证它能正常工作。（ ）
2. 在拆卸燃油系统内任何元件时，都必须首先释放燃油系统压力。（ ）
3. 通过测试燃油系统压力，可诊断燃油系统是否有故障。（ ）
4. 不同车型测试燃油压力表的连接方式有所不同。（ ）
5. 燃油压力调节器真空管脱开可造成油压过高。（ ）

三、选择题

1. 下列（ ）不会引起燃油压力过低。

A. 燃油泵连接件松动　　B. 燃油泵压力调节器出故障

C. 燃油泵膜片不合格　　D. 燃油泵入口有阻塞

2. 进行燃油压力检测时，按正确的工序应该首先进行（　　）。

A. 断开燃油蒸发罐管路

B. 将燃油压力表连接到电控燃油喷射系统的回流管路上

C. 在将燃油压力表连接到电喷系统上以前先将管路中的压力卸掉

D. 拆下燃油机（分配器）上的燃油管

3. 当进气歧管内真空度降低时，真空式汽油压力调节器将汽油压力（　　）。

A. 提高　　B. 降低　　C. 保持不变　　D. 以上都不正确

4. 进行燃油压力的检查，在怠速时测得压力为 300 kPa。技术员甲说：在回油管路上燃油受到阻滞会产生这问题；技术员乙说：燃油压力调节器真空管断开可能是产生这个问题的原因。以上说法正确的是（　　）。

A. 只有甲正确　　B. 只有乙正确　　C. 两人均正确　　D. 两人均不正确

5. 某汽油喷射系统的汽油压力过高，下面选项正确的是（　　）。

A. 电动汽油泵的电刷接触不良　　B. 回油管堵塞

C. 汽油压力调节器密封不严　　D. 以上都正确

四、简答题

1. 燃油压力调节器的功用是什么？

2. 简述燃油压力调节器的工作原理。

3. 简述无回油管系统的优点。

4. 简述燃油管泄压方法。

§3—4　喷油器

一、填空题（将正确答案填写在横线上）

1. 喷油器按喷口形式不同可分为________和________。
2. 按喷油器电磁线圈电阻不同可分为_______喷油器和_______喷油器。
3. 喷油器由_____、_______、_______、_______、_______等零件组成。
4. 高阻抗喷油器在室温下电阻值为_____Ω。
5. 喷油器喷油口被积炭堵塞后，喷油量_____，_______变差。
6. 轴针式喷油器主要由_______、________、__________以及电磁线圈等组成。
7. 喷油器针阀的升程一般为_______________。
8. 喷油器的故障主要表现为____________、_______、_______、__________、_______及安装有问题。

二、判断题（对的打“√”，错的打“×”）

1. 在喷油器的驱动方式中，电压驱动高阻抗喷油器的喷油滞后时间最短。（　）
2. 独立喷射可使燃油在进气管中滞留的时间最短。（　）

3. 喷油器的实际喷油时刻比 ECU 发出喷油指令的时刻要晚。 (　　)

4. 喷油量取决于喷油时间。 (　　)

5. 当喷油器断电的时候也就停止了喷油。 (　　)

三、简答题

1. 喷油器的作用是什么？

2. 喷油器的检查项目有哪些？

3. 简述喷油嘴就车清洗法。

§3—5　曲轴位置传感器

一、填空题（将正确答案填写在横线上）

1. 发动机转速传感器，也称____________，装于______或________的前端，有些老式的发动机装于________内。

2. 凸轮轴位置传感器装于________的前端或后端，老式的发动机装于分电器内。

3. 转速/凸轮轴位置传感器的类型有________、________和________。

4. 电磁式传感器由一个__________和一个__________组成。

5. 霍尔式转速传感器主要由________、________、______与________、__________等组成。

6. 磁电传感器磁隙应为____mm 以内。

7. 霍尔传感器供电电压应为______或________。

二、判断题（对的打"√"，错的打"×"）

1. 曲轴位置传感器只作为喷油正时控制的主控制信号。（　）

2. 光电传感器在汽车上应用广泛。（　）

3. 三线曲轴位置传感器一定是霍尔传感器。（　）

4. 两线曲轴位置传感器不一定是电磁式传感器。（　）

5. 转速越高，磁通变化率就越大，传感线圈中的感应电动势也就越高。（　）

三、简答题

1. 曲轴位置传感器的作用是什么？

2. 凸轮轴位置传感器的作用是什么?

3. 电磁式传感器转速/位置传感器的检测项目有哪些?

4. 霍尔传感器的检测项目有哪些?

§3—6 喷油器的控制

一、填空题（将正确答案填写在横线上）

1. 喷油量的控制主要由 ECU 通过控制喷油器的__________的长短，也就是________来控制。

2. 喷油量=____________+________________。

3. D 型根据______________信号和______________信号确定基本喷油时间。

4. L 型根据__________信号和______________信号确定基本喷油时间。

5. 发动机在不同工况下运转时，对混合气浓度的要求也不同。喷油量的控制方式有__________、__________、__________和__________等。

6. 喷油器按驱动方式分为________和__________。

7. 喷油器电压应为________V。

二、名词解释

1. 基本喷油量

2. 喷油修正量

3. 开环控制

4. 闭环控制

5. 分组喷射

6. 顺序喷射

§3—7 汽油机燃油直喷技术

一、填空题（将正确答案填写在横线上）

1. 高压喷油系统主要可以分为__________、__________、__________和__________四部分。

2. 高压油泵主要负责__________。

3. ECM 的主要功用是采集发动机数据按照预定程序控制__________和__________，从而实现高燃烧效率。

4. 高压油泵是燃油加压的关键环节，在低压油泵将燃油送到高压油泵之后，高压油泵可以将汽油加压到__________的压力，并将其送入油轨。

5. 直喷发动机喷嘴由__________、__________、__________、__________、__________等组成。

6. 按照可燃混合气形成的控制方式，缸内直喷方式又可分为__________、__________和__________三类。

7. 油束控制燃烧系统喷油器安置在__________，火花塞安置在__________附近。

8. 壁面控制燃烧系统喷油器和火花塞相隔较远，喷油器把燃油喷入__________中，然后依靠__________将油气混合送往火花塞。

9. FSI 发动机根据负荷工况，可以自动选择两种运行模式，在低负荷时为__________，在高负荷时为__________。

10. 新型直喷发动机采用了散热更好的__________。

二、判断题（对的打“√”，错的打“×”）

1. 高压油泵主要用来输送燃油。（　　）

2. 电子油轨压力调节器驱动线路失效时发动机停止工作。（　　）

3. 直喷发动机喷嘴在进气道内。 ( )

4. 壁面控制燃烧系统喷油器安置在燃烧室中央。 ( )

5. FSI 汽油直喷发动机比普通电控发动机费油。 ( )

三、简答题

1. 简述直喷发动机的组成及各组成部分的功用。

2. 简述高压油泵的工作原理。

3. 简述 FSI 汽油直喷发动机的工作原理。

4. 简述直喷发动机的优点。

§3—8 燃油供给系统常见故障的诊断与排除

一、填空题（将正确答案填写在横线上）

1. 在检查燃油箱是否泄漏前，必须在工作区准备好______灭火器。

2. 检查油箱密封性时应通过通风管给燃油箱加入压缩空气，使压力达到___________。

3. 油泵不工作可能的原因有________________、_______________、___________、___________、___________或___________故障等。

4. 喷油器故障一般会出现___________、_________、_________等现象。

5. 对于喷油器一般要进行_____________、_____________、_____________三方面的检查。

二、选择题

1. 启动发动机前如果点火开关位于“ON”位置，电动汽油泵（　　）。

A. 持续运转　　B. 不运转

C. 运转 10 s 后停止　　D. 运转 2 s 后停止

2. 某汽油喷射系统的汽油压力过高，以下选项正确的是（　　）。

A. 电动汽油泵的电刷接触不良　　B. 回油管堵塞

C. 汽油压力调节器密封不严　　D. 以上都正确

3. 当节气门开度突然加大时，燃油分配管内油压（　　）。

A. 升高　　B. 降低　　C. 不变　　D. 先降低再升高

4. 下列（　　）不会引起燃油压力过低。

A. 燃油泵连接件松动　　B. 燃油泵压力调节器出故障

C. 燃油泵膜片不合格　　D. 燃油泵入口有阻塞

5. 发动机关闭后，（　　）使汽油喷射管路中保持残余压力。

A. 电动汽油泵的过载阀　　B. 汽油滤清器

C. 汽油喷射器　　D. 回油管

E. 以上都正确　　　　　　　　　　　　F. 以上都不正确

三、简答题

1. 油泵不工作故障现象是什么?

2. 简述导致发动机燃油供给系统保持油压低的原因。

第4章　电控发动机点火系统

§4—1　电控点火系统的组成及分类

一、填空题（将正确答案填写在横线上）

1. 汽车上应用的点火系统按照点火系统的结构和发展历程，可分为__________、__________和__________三种基本类型。

2. 微机控制无分电器点火系统，按点火方式可分为__________和__________两种类型。

3. 点火系一般是由________、________、_______三部分组成。

4. 无分电器独立点火方式的特点是每缸有________个点火线圈，同时点火线圈的数量是气缸的________。

二、判断题（对的打“√”，错的打“×”）

1. 双缸同时点火系统中，其中一个为有效点火，另一个为无效点火。（　）

2. 双缸同时点火系统中，点火线圈的个数与该发动机气缸数相同。（　）

3. 在双缸同时点火的 DIS 中，如果其中一个气缸的火花塞无间隙短路，那么，相应的另一缸火花塞也将无法工作。（　）

4. 电子控制点火系统一般无点火提前装置。（　）

5. 在桑塔纳时代超人车无分电器点火系统中，1、4 缸共用一个点火线圈。（　）

三、选择题

1. 在讨论无分电器双缸点火系统时，甲说：当一对火花塞跳火时，气缸中的一个处于排气行程，另一个处于膨胀行程；乙说：每对火花塞串联跳火。以上说法正确的是（　）。

A. 甲正确　　B. 乙正确　　C. 两人均正确　　D. 两人均不正确

2. 装有双进气系统（DIS）的发动机存在不能启动故障，讨论其可能的原因时，技术员甲说：导致此问题的原因是曲轴或凸轮轴传感器的信息丢失；技术员乙说：点火线圈故障会引起此问题。以上说法正确的是（　）。

A. 只有甲正确　　B. 只有乙正确

C. 两人均正确　　D. 两人均不正确

3. 传统点火系与电子点火系最大的区别是（　）。

A. 点火能力的提高　　B. 断电器触点被点火控制器取代

C. 曲轴位置传感器的应用　　D. 点火线圈的改进

4. 电子控制点火系统由（　　）直接驱动点火线圈进行点火。

A. ECU　　B. 点火控制器　　C. 分电器　　D. 转速信号

5. 在点火线圈配电双缸同时点火系统中，点火线圈次级回路中设置高压二极管的作用是（　　）。

A. 提高点火电压，增大点火能量

B. 保证点火正时及点火顺序

C. 防止一次侧电路接通时的误跳火

四、简答题

1. 简述电控电子点火系统点火正时的控制思路。

2. 简述传统点火系统和电子点火系统的缺点。

§4—2　点火提前角和闭合角控制

一、填空题（将正确答案填写在横线上）

1. ECU 对点火提前角的控制分为汽油机__________的点火提前角控制和__________

的点火提前角控制两种情况。

2. 实际的点火提前角等于＿＿＿＿＿＿＿、＿＿＿＿＿＿和＿＿＿＿＿＿＿之和。

3. 最佳点火提前角应使发动机气缸内的最高压力出现在上止点后＿＿＿＿＿＿。

4. 点火提前角修正值包括＿＿＿＿＿、＿＿＿＿＿、＿＿＿＿＿＿、＿＿＿＿＿＿和爆震传感器反馈修正等。

5. 空燃比反馈控制系统是根据＿＿＿＿＿反馈信号调整喷油量的多少来达到最佳空燃比控制的。

6. 闭合角控制也称点火线圈初级线圈＿＿＿＿＿时间控制。

7. 发动机正常运转时，主 ECU 根据发动机＿＿＿＿＿和＿＿＿＿＿信号确定基本点火提前角。

8. 为了防止初级电流过大烧坏点火线圈，在部分电控点火系统的点火控制电路中增加了＿＿＿＿＿电路。

9. 微机控制点火系的＿＿＿＿＿控制以初级线圈流过电流在断开瞬间达到饱和电流为主要目标。

10. 随发动机转速提高和电源电压下降，闭合角（通电时间）＿＿＿＿＿。

二、判断题（对的打“√”，错的打“×”）

1. 初始点火提前角对最佳点火提前角计算没有实质性影响。（　　）
2. 闭合角是影响击穿电压和点火能量的重要因素。（　　）
3. 点火提前角与汽油机的经济性、动力性及排放性能紧密相关。（　　）
4. 发动机冷车启动后的暖机过程中，随冷却液温度的提高，点火提前角也应适当的加大。（　　）
5. 发动机工作时，随冷却液温度的提高，爆燃倾向逐渐减小。（　　）
6. 为了稳定发动机转速，点火提前角需根据喷油量的变化进行修正。（　　）
7. 对于初级电流通电时间的修正与蓄电池的电压无关。（　　）
8. 蓄电池的电压变化也会影响到初级电流。（　　）
9. 发动机怠速工况下，空调工作时的基本点火提前角比空调不工作时小。（　　）
10. 发动机启动时，按 ECU 内存储的初始点火提前角对点火提前角进行控制。（　　）

三、选择题

1. 点火闭合角主要是通过（　　）加以控制的。

A. 通电电流　　B. 通电时间　　C. 通电电压　　D. 通电速度

2. 混合气在气缸内燃烧，当最高压力出现在上止点（　　）左右时，发动机输出功率最大。

A. 前 10°　　B. 后 10°　　C. 前 5°　　D. 后 5°

3. 启动时点火提前角是固定的，一般为（　　）左右。

A. 15°　　B. 10°　　C. 30°　　D. 20°

4. 冷却液温度过高时，为避免发生爆震，应适当（　　）点火提前角。

A. 不变　　B. 增大　　C. 减小

四、简答题

1. 简述发动机启动后的最佳点火提前角的基本控制过程。

2. 发动机启动后在正常工况下运转时，控制点火提前角的信号主要有哪些？

3. 通电时间对发动机工作有哪些影响？

4. 为什么要在电控点火系统的点火控制电路中增加恒流控制？

§4—3　爆震传感器与爆震反馈控制

一、填空题（将正确答案填写在横线上）

1. 爆震是发动机运行时一种__________燃烧的现象。

2. 当通过__________监测到有爆震发生时，ECU 逐步__________点火提前角，直至爆震完全消失。

3. 汽油机的爆震检测可以采用的方法有__________检测方法、__________检测方法和__________检测方法等。目前广泛采用的是______________检测方法。

4. 四缸机爆震传感器通常安装在______缸和______缸之间。

5. 爆震传感器按结构不同，分为__________和__________；按检测方法不同，可分为__________检测方法和__________检测方法。

6. __________指标是一种定量地衡量爆震强弱的物理量或统计量。

7. 汽油的辛烷值越高，抗爆性越________，点火提前角可适当________。

二、判断题（对的打“√”，错的打“×”）

1. 发动机产生爆震会使发动机工作粗暴，功率下降，燃油经济性变差，严重时甚至会损害发动机相关零部件。（　　）

2. 爆燃的控制实际上是点火提前角的延迟和提前的过程。（　　）

3. 当发动机的负荷低于一定值时，一般不出现爆震。这时不宜用控制爆震的方法来调整点火提前角，而应该用点火开环控制方案控制点火提前角。（　　）

4. 轻微的爆燃可使发动机功率上升，油耗下降。（　　）

5. 最理想的点火时机应该是将点火正时控制在爆震即将发生而还未发生的时刻。（　　）

6. 增大点火提前角是消除爆燃的最有效措施。（　　）

7. 对于共振型爆震传感器而言，发动机爆震时，输出的电压最小。（　　）

8. 用万用表测爆燃传感器的端子与壳体之间应导通。（　　）

9. 如果发动机爆震传感器固定力矩过小，传感器的灵敏度将上升。（　　）

三、选择题

1. 发动机工作时，随着冷却液温度提高，爆燃倾向（　　）。

A. 不变　　B. 增大　　C. 减小　　D. 与温度无关

2. 如果爆震传感器的固定力矩过大，会造成（　　）。

A. 点火提前角减小　　B. 爆震　　C. 灵敏度下降　　D. 动力增加

3. 爆震传感器是点火正时的（　　）信号。

A. 主控　　B. 修正　　C. 反馈　　D. 以上都是

4. 发动机运转中，用小锤轻敲爆震传感器附近处，点火提前角应（　　）。

A. 变大　　　　B. 不变　　　　C. 变小

四、简答题

1. 造成爆震最主要的原因是什么？

2. 简述共振型爆震传感器的特点。

3. ECU 是如何对爆震进行反馈控制的？

§4—4　电控点火系统常见故障的诊断与排除

一、填空题（将正确答案填写在横线上）

1. 高压线漏电可导致发动机________。

2. 点火线圈供电电压应不低于________V，初级线圈电阻不大于________Ω。

3. 火花塞正常间隙应为______mm。

二、简答题

1. 蓄电池电压应怎样测量？

2. 电控点火系统常见故障现象有哪些？

第5章 怠速控制

§5—1 怠速控制系统的组成与控制原理

一、填空题（将正确答案填写在横线上）

1. 怠速控制系统主要由各种__________、信号控制开关、__________、__________和节气门旁通空气道等组成。

2. 在怠速控制系统中，ECU 需要根据_____________、___________确认怠速工况。

3. __________、__________、_____________和____________等信号用于向 ECU 提供发动机负荷变化的状态信息。

4. 怠速控制阀用于调整怠速时旁通空气道________大小。

5. 怠速控制系统按进气量的调节方式分为__________和__________两种。

6. 怠速控制的实质就是对怠速工况下的__________进行控制。

7. 在怠速运转时，ECU 将接收的转速信号与___________进行比较，差值应为 20 r/min。

二、判断题（对的打“√”，错的打“×”）

1. 只有在节气门全关、车速为零时，才进行怠速控制。（　　）
2. 怠速控制的实质是对怠速时充气量的控制。（　　）
3. 怠速控制系统包括冷车启动提速及空调提速装置，从而使进气系统更加简化。（　　）
4. 步进电动机式怠速控制阀，在点火开关打开后处于全闭状态。（　　）
5. 怠速时，电器负荷增大，怠速控制阀的开度应增加。（　　）

三、选择题

1. 汽油喷射发动机的怠速通常是由（　　）控制的。
   A. 自动阻风门　B. 怠速调整螺钉　C. 步进电动机　D. 继电器
2. 旁通空气式怠速控制是通过调节（　　）控制空气流量的方法来实现的。
   A. 旁通气道的空气通路面积　B. 主气道的空气通路面积
   C. 主气道或旁通气道的空气通路面积　D. 节气门开度
3. 怠速转速偏高的可能原因是（　　）。
   A. 怠速阀卡在小开度　B. 水温传感器故障
   C. 冷却液液面偏低　D. 点火提前角偏小

4. 怠速时，随着水温的升高，怠速控制阀的开度应（　　）。

A. 增大　　B. 减少　　C. 不变

5. 一般在怠速控制时，有怠速机构的系统在发动机熄火后或启动前（　　）。

A. 怠速控制阀全关　　B. 怠速控制阀随便停在某个位置

C. 怠速控制阀全开

四、名词解释

发动机怠速工况

五、简答题

1. 怠速控制系统的控制功能有哪些?

2. 简述当前电喷车的三种怠速状态的识别方法。

§5—2 怠速控制执行机构

一、填空题（将正确答案填写在横线上）

1. 旁通气道式怠速控制执行机构的种类较多，一般可按结构分为双金属片式、石蜡式、电磁阀式、__________和__________式五种。其中，__________式和__________式怠速控制阀不受发动机 ECU 控制。

2. 旋转滑阀式怠速控制阀的电枢有__________和__________两种。

3. 步进电动机式怠速控制阀按插头线数不同分为______线式步进电动机和______线式步进电动机。

4. 四线式步进电动机的定子只有______组线圈，但 ECU 可通过控制每个线圈内的电流流向来实现六线式步进电动机中______个线圈的功能。

5. 大众汽车半电子节气门主要由__________、____________、____________、____________、应急弹簧和卷簧等组成。

6. 大众汽车电子节气门和半电子节气门的区别是________________和电动机的________________不同。

二、判断题（对的打“√”，错的打“×”）

1. 开关型怠速控制阀只有开或关两个位置。 （ ）

2. 步进电动机通过控制各线圈的顺序，来完成步进电动机的旋转。 （ ）

3. 节气门直动式怠速控制取消了旁通气道。 （ ）

三、简答题

大众汽车半电子节气门在什么情况下需要进行节气门匹配？

§5—3　电子节气门的原理及检修

一、填空题（将正确答案填写在横线上）

1. 电子节气门控制系统由____________、____________、____________、________________等组成。

2. 电子节气门体主要由____________、____________、减速齿轮组、复位弹簧和____________等组成。

3. 加速踏板位置传感器设计了________个传感器，且两个传感器输出电压信号为__________关系。

4. 电子节气门采用________个节气门位置传感器。两个传感器输出电压信号之和始终________供电电压。

二、判断题（对的打“√”，错的打“×”）

1. 静态时电子节气门体中的节气门完全关闭。（　　）

2. 电子节气门的控制完全取决于加速踏板信号电压的高低。（　　）

3. 电子节气门直流电动机采用改变控制线电压大小的方式进行控制。（　　）

4. 电子节气门采用 2 个节气门位置传感器，目的是使电子节气门具有高度的可靠性。（　　）

三、简答题

1. 电控节气门系统的控制功能有哪些?

2. 简述电子节气门系统的工作原理。

第6章 排放控制

§6—1 三元催化器

一、填空题（将正确答案填写在横线上）

1. 三元催化转化器的作用是将发动机运转工作过程中所产生的有害气体排放物__________、__________和__________，转化成对环境无害的排放物__________、__________和__________。

2. 三元催化转化器主要由__________、__________、__________及进/排气锥管等元件构成。

3. 三元催化转化器的贵金属催化剂主要包括__________、__________及__________。

4. 三元（效）催化是指可同时对__________、__________和__________三种有害气体进行无害化催化转化处理。

5. HC、CO 和 NO_x 在三元催化器内的转化需要在载体的温度达到__________左右时方可达到较高的转化效率。

二、简答题

简述三元催化转化器失效的原因。

§6—2 氧传感器结构和工作原理

一、填空题（将正确答案填写在横线上）

1. 当发动机的空燃比偏浓时，三元催化剂对________的转化效率较高，对_________和_________的转化效率较低。当空燃比偏稀时，三元催化剂对_________和_________的转化效率较高，对_________的转化效率较低。

2. 现代汽车发动机管理系统普遍采用由_________组成的空燃比反馈控制方式。

3. 氧传感器是监测排气管中_________的含量，用于确定实际空燃比较理论空燃比是浓还是稀。

4. 氧传感器按检测范围分：_________和_________；按检测功能分：_________和_________；按氧传感器的材料和结构分：_________和________；按传感器是否具有加热装置分：_________和_________。

5. _________俗称后氧，用于检测三元催化器的_________。

6. 加热型氧传感器加热的目的是保证________时，氧传感器也能投入工作，从而减少有害气体的排放量。

7. 当供给发动机的可燃混合气较浓时，氧传感器输出电压约为_______V。当供给发动机的可燃混合气较稀时，氧传感器输出电压约为_______V。

8. 氧化钛式氧传感器是利用二氧化钛（TiO_2）材料的_________随排气中氧含量的变化而变化的特性制成的。

9. 宽域氧传感器的结构主要由_________、_________、_________、_________以及加热部件组成。

10. 进入废气中的氧气较少时，氧化钛式氧传感器的二氧化钛半导体阻值_______。

二、判断题（对的打“√”，错的打“×”）

1. 在三元催化转换器前后各装一个氧传感器的目的是为了监测精确。（ ）

2. 普通氧传感器能检测浓稀的程度。（ ）

3. 二氧化锆氧传感器的输出特性在空燃比 14.7 附近有突变。（ ）

4. 一般氧传感器安装在排气管处，三元催化装置前面。（ ）

5. 在使用三元催化转换器来降低排放污染的发动机上，氧传感器是必不可少的。（ ）

三、选择题

1. 采用三元催化转换器必须安装（ ）。

A. 前氧传感器　B. 后氧传感器　C. 前、后氧传感器

2. 如果三元催化转换器良好，后氧传感器信号波动（ ）。

A. 频率高　B. 增加　C. 没有　D. 缓慢

3. 氧化钛式氧传感器工作时，当废气中的氧浓度高时，二氧化钛的电阻值（　　）。

A. 增大　　B. 减小　　C. 不变

4. 下列（　　）工况不是采用开环控制。

A. 怠速运转时　　B. 发动机启动时

C. 节气门全开或大负荷时　　D. 氧传感器起效应时

四、简答题

简述空燃比开环控制的条件。

§6—3　燃油蒸发控制系统

一、填空题（将正确答案填写在横线上）

1. 油箱中的燃油受热挥发，其主要成分是＿＿＿＿＿＿。

2. 燃油蒸发控制系统主要由＿＿＿＿＿＿＿、＿＿＿＿＿＿＿、＿＿＿＿＿＿＿及相应的蒸气管道和真空软管等组成。

3. 活性炭罐上有三根管，一根为连接＿＿＿＿＿＿的蒸气管，一根为连接＿＿＿＿＿＿的蒸气放泄管，另一根为＿＿＿＿＿＿＿＿＿＿＿＿。

4. 发动机电脑采用＿＿＿＿＿＿＿＿控制炭罐电磁阀。

二、判断题（对的打“√”，错的打“×”）

1. 蒸气分离阀安装在油箱的顶部，它允许液态汽油进入炭罐。（　　）

2. 活性炭罐受 ECU 控制，在各种工况下都工作。（　　）

三、选择题

1. 关于燃油蒸发控制系统功能的叙述，不正确的是（　　）。

A. 从燃油箱蒸发的燃油蒸气被排到活性炭罐内

B. 当发动机在高速运行时燃油蒸气排到大气中

C. 当发动机运行时燃油蒸气从炭罐被吸到进气歧管

D. 蒸气中的液体燃油被送回油箱

2. 活性炭罐的作用是（　　）。

A. 吸附汽油中的水分　　　　B. 吸附汽油蒸气

C. 吸附汽油中的杂质　　　　D. 提高汽油纯度

四、简答题

1. 简述燃油蒸发控制系统蒸气分离阀的作用。

2. 简述炭罐电磁阀的工作条件。

§6—4　废气再循环控制系统

一、填空题（将正确答案填写在横线上）

1. 废气再循环控制系统用于降低__________排放。

2. NO_x是在__________和__________条件下__________和__________发生化学反应的产物。

3. 废气再循环的循环废气量用__________表示。

4. 车用汽油机 EGR 系统主要有______________、________________和电控 EGR 系统三种形式。

5. 电磁式 EGR 阀包括__________EGR 阀和__________EGR 阀。

6. 随发动机转速和负荷减小，EGR 阀开度将__________。

二、判断题（对的打“√”，错的打“×”）

1. 废气再循环能有效地降低汽油发动机的 NO_x 排放，在任何工况下都可以进行控制。（　）
2. 废气再循环的作用是减少 HC、CO 和 NO_x 的排放量。（　）
3. EGR 控制系统是将适量废气重新引入气缸燃烧，从而提高气缸的最高温度。（　）
4. 发动机在全负荷模式下，废气再循环控制系统将停止工作。（　）

三、选择题

1. 在（　）时废气再循环控制系统不工作。

A. 行驶　B. 怠速　C. 高转速　D. 热车

2. 所谓 EGR 率是指（　）。

A. $\dfrac{\text{废气再循环量}}{\text{进气量}}$　B. $\dfrac{\text{废气再循环量}}{\text{进气量}+\text{废气再循环量}}$

C. $\dfrac{\text{进气量}}{\text{废气再循环量}}$　D. $\dfrac{\text{进气量}+\text{废气再循环量}}{\text{废气再循环量}}$

四、简答题

1. 什么是废气再循环？

2. 简述 EGR 系统在发动机各工况下的控制。

§6—5　二次空气喷射控制

一、填空题（将正确答案填写在横线上）

1. 二次空气供给系统在一定情况下，将__________送入排气管，以降低__________和________的排放量。
2. 目前所用的二次空气供给方法有_______________、_____________两种。

二、判断题（对的打“√”，错的打“×”）

1. 二次空气喷射是将新鲜空气喷入排气管中，以减少 HC、CO 的排放量。（　　）
2. 如果二次空气喷射系统发生故障，会使 HC 的排放量降低。（　　）
3. 发动机在正常工作温度下运行时，二次空气喷射系统不向排气管内喷射空气。（　　）

三、简答题

简述二次空气喷射系统的作用。

第7章 进气控制系统

§7—1 可变配气机构控制

一、填空题（将正确答案填写在横线上）

1. 为了满足发动机全工况的要求，要求配气相位机构能使__________、___________及________等参数中的一个或多个随发动机的工况变化实时进行调节。

2. 可变气门定时简称__________，即气门__________与__________时刻可变。可变气门升程简称__________，即可以改变气门开启的__________。

3. 可变气门正时系统主要由__________、__________、______________、__________等部分组成。

4. 可变气门正时控制器（CVCP或VCP）的作用是根据控制系统的需要连续调节凸轮轴与__________间的相对相位关系，实现对配气相位的控制。按结构形式分类，大体可分为__________、__________和__________三种结构形式。

5. 叶片式凸轮控制器主要由__________、__________、回位弹簧、前盖、后盖、锁销、弹簧导承、锁销弹簧、油封、定子螺栓和凸轮销等组成。

6. 凸轮轴正时机油控制阀主要由____________________和可双向移动的________通路控制阀两部分组成。发动机ECU通过调节信号中的__________，控制电磁阀的输入电流，调整阀芯的位置。

7. VTEC机构主要由气门（每缸2进2排）、凸轮、摇臂、__________、__________和正时板等组成。

8. 为使发动机工作时进气更充分，应随转速的提高适当____________进气门的提前开启角。

二、判断题（对的打“√”，错的打“×”）

1. VTEC机构中的同一缸的两个进气门有主、次之分，即主进气门和次进气门。（　　）

2. 凸轮轴上相应有三个不同升程的进气凸轮分别驱动主摇臂、中间摇臂和次摇臂。（　　）

三、简答题

1. 各种工况下对气门正时的要求有哪些?

2. 简述可变气门正时系统的控制原理。

§7—2 可变进气系统

一、填空题(将正确答案填写在横线上)

1. 可变进气系统是利用发动机工作时进气管道的进气______________效应来提高充气效率。

2. 发动机在换气过程中,由于__________进气而引起进气管内发生压力波动,这种现象称为进气管的动态效应。

3. 进气管长度的调整方法从总体上可分为________调整和________调整两种。

4. 为了提高低速扭矩,应__________进气管长度;反之,为了提高高速扭矩,应__________进气管长度。

5. 可变谐振进气系统通常包括:进气歧管、__________、__________和进气总管等部分。

6. 可变谐振进气系统是利用气体__________效应产生谐振,增加进气量。

二、名词解释

1. 进气惯性效应

2. 进气管波动效应

三、简答题

1. 目前对于整个进气系统而言，为改变发动机的相关性能主要采用的技术有哪些?

2. 简述可变涡流控制系统的作用。

§7—3 增压控制

一、填空题（将正确答案填写在横线上）

1. 增压就是将空气预先________，然后再供入气缸，以期提高空气________、增加进气量的一项技术。

2. 汽车增压有__________、__________和气波增压三种基本类型。

3. 增压压力的调节方法有__________式增压压力调节和__________式增压压力调节两种。

4. 中冷器的作用是为了解决增压后的空气__________造成的不利影响。按照冷却介质的不同，常见的中冷器可以分为__________式和__________式两种。

5. 国产大众 TSI 发动机涡轮增压控制系统主要由________________、______________、______________、__________________、___________________、______________________、________________等传感器和 ECU 组成。

6. 采用增压技术提高进气压力，是提高发动机__________性和__________性的重要措施之一。

二、判断题（对的打“√”，错的打“×”）

1. 涡轮增压器内的动力涡轮和增压涡轮安装在同一根轴上。（　　）

2. 涡轮增压器损坏会造成发动机动力性能下降。（　　）

3. 废气涡轮增压器输出的压力过低可能是废气旁通阀卡在关闭位置上所致。（　　）

4. 增压压力传感器用于测量涡流增压器增压后的空气压力，用于喷油时间的计算。（　　）

三、简答题

1. 简述增压空气再循环电磁阀的作用。

2. 简述涡轮增压系统对增压压力的控制方法。

第8章 故障自诊断系统

§8—1 故障自诊断系统的简介及原理

一、填空题（将正确答案填写在横线上）

1. OBD是______________________的简称。

2. OBD—Ⅱ相比OBD—Ⅰ车载自诊断系统不同之处在于其严格的______________针对性。

3. 车辆排放的HC、CO和NO_x或燃油蒸发污染量超过FTP标准的________倍时，MIL灯点亮。

二、判断题（对的打“√”，错的打“×”）

1. 失效保护系统只能维持发动机继续运转，不能保证控制系统的优化控制。 (　　)

2. 应急备用系统只保证发动机按正常性能运行。 (　　)

3. 曲轴位置传感器或其电路发生故障时，发动机无法运转。 (　　)

4. 爆燃传感器或其电路发生故障时，失效保护系统使ECU将点火提前角固定在一个适当值。 (　　)

三、简答题

1. 简述失效保护系统的功能。

2. 简述应急备用系统工作原理。

§8—2　第二代随车自诊断系统（OBD—Ⅱ）

一、填空题（将正确答案填写在横线上）

1. 进气压力传感器简称__________，空气流量传感器简称__________，节气门体位置传感器简称__________，水温传感器简称__________，进气温度传感器简称__________，氧传感器简称__________，车速传感器简称__________，凸轮轴位置传感器简称__________，曲轴位置传感器简称__________，爆震检测传感器简称__________。

2. DLC 诊断座统一为__________针，其中__________和__________号端子为 OBD—Ⅱ搭铁端子，__________号为 OBD—Ⅱ的供电端子。

3. OBD—____________使用标准的故障代码，其故障代码共由__________位组成。

4. 可能损坏____________的故障，只要监测到，将会在单行程中点亮 MIL 故障指示灯。

二、判断题（对的打“√”，错的打“×”）

1. 通常故障指示灯 MIL 在点火开关打开时，MIL 灯常亮或点亮几秒后熄灭；发动机正常无故障运转时 MIL 灯应熄灭。（　　）

2. MIL 一直亮表明存在足以严重损坏三元催化器的紧急故障。（　　）

3. 当损坏三元催化器的故障发生时，需要在两个连续的行程中发生相同的故障且被监测到，MIL 故障指示灯才点亮。（　　）

4. MIL 灯的熄灭可在故障修复后由 PCM 自行关闭。（　　）

5. 故障灯自行熄灭后故障码也自行清除。（　　）

三、简答题

1. 简述第二代随车自诊断系统的特点。

2. 简述OBD—Ⅱ的故障自诊断的方法。

§8—3　诊断仪器的使用

一、填空题（将正确答案填写在横线上）

1. 汽车万用表分为________式和________式。

2. 由于指针式万用表内阻______，使用时易造成过大电流，所以在电控发动机的检测中，很多元件的测量都规定要用高阻抗的______式万用表，以防止烧坏。

3. 汽车万用表除能测量电阻、电压、电流外，还可测量________、________、______、______、________、______等项目。

4. 解码器可分为________型和________型两大类。

二、判断题（对的打“√”，错的打“×”）

1. 对电控系统电路或元件进行检查时，必须使用低阻抗万用表检查电压或电流。
（　　）

2. 汽车专用解码器只能用于指定的车型，对于其他厂家的车型不能使用。　　（　　）

三、简答题

故障诊断仪的主要功能有哪些？

第 9 章　电控发动机综合故障诊断

§9—1　电控发动机综合故障诊断程序

一、填空题（将正确答案填写在横线上）

1. 发动机故障灯亮或出现故障时，不可切断________________连接。应读取故障码后根据故障部位显示维修。

2. 故障诊断时，应先排除______故障，再进行电控系统维修。

3. 加装电器设备应远离________，防止干扰或加装防干扰屏蔽设施。

4. 对电控系统电路或元件进行检查时，不能用______去测试任何与电脑连接的电气装置，必须使用__________万用表检查电压、电阻或电流。

5. 在车身上进行电弧焊时，应先断开_______________，以免损坏电控系统元件。

6. 电控发动机发生故障时的检测诊断，应按照________________，_______________，_______________的规则进行处理。

二、判断题（对的打“√”，错的打“×”）

1. 接通点火开关时，可以拆开任何 12 V 的电器装置。（　）

2. 汽车可以任意改装用电设备。（　）

3. ECU 或传感器要用水冲洗干净。（　）

4. 在车身上进行电弧焊时，可直接操作。（　）

5. 造成电控发动机不工作或工作不正常的原因一定是电子控制系统。（　）

三、简答题

1. 简述电控发动机维修使用注意事项。

2. 简述电控发动机故障诊断排除的基本原则。

3. 简述电控发动机故障诊断的一般程序。

§9—2 电控发动机不能启动的故障诊断与排除

一、填空题（将正确答案填写在横线上）

1. 电控发动机不能启动故障的原因有__________、____________、________________。

2. 导致电控发动机不能启动的机械故障有发动机_______________、_______________、__________________、__________（重点检查三元催化器）、__________、____________积炭过多导致燃油吸附、__________或______________安装不牢或__________不符合标准等。

3. 如检查无火花或火花弱应检查____________。

二、判断题（对的打“√”，错的打“×”）

1. 进行气缸压力检查可直接进行。（ ）

2. 水温传感器信号失准可导致发动机启动不着。（ ）

3. 防盗系统对发动机启动无影响。（ ）

4. 现在汽车火花塞间隙一般为 0.4～0.6 mm。（ ）

5. 发动机可直接进行高压试火。（ ）

三、简答题

1. 发动机不能启动故障现象有哪些?

2. 导致发动机不能启动的电控系统故障主要有哪些?

§9—3 电控发动机不易启动的故障诊断与排除

一、填空题（将正确答案填写在横线上）

1. 进气系统漏气可导致____________。
2. 发动机不易启动分为______________和______________。
3. 拆下空气滤清器，发动机能够正常启动，说明__________________。
4. 怠速时若进气管的真空度小于________，说明进气系统有空气泄漏。
5. 连接燃油压力表，启动发动机，燃油压力不得低于________，如不正常，则应检查燃油供给系统。

二、判断题（对的打“√”，错的打“×”）

1. 空气滤清器堵塞，导致进气不足。 (　　)

2. 电子节气门故障对怠速无影响。 ( )

3. 如果只出现冷车不易启动，应该先检查启动时混合气是否过稀。 ( )

4. 如果只出现热车启动困难，应该先检查启动时混合气是否过稀。 ( )

5. 喷油器清洁度对发动机影响不大。 ( )

三、简答题

1. 简述电控发动机不易启动的故障现象。

2. 电控发动机不易启动故障的原因有哪些？

§9—4 电控发动机运转不良的故障诊断与排除

一、填空题（将正确答案填写在横线上）

1. 燃油蒸发回收或废气再循环系统在怠速或加速时开度过大导致______________。

2. 燃油滤清器堵塞、燃油压力调节器损坏、油泵泵油不足可导致______________。

3. 空气流量计或进气压力传感器工作不良，导致＿＿＿＿＿＿＿＿＿＿。

4. 水温传感器或其线路故障造成信号失准，导致＿＿＿＿＿＿＿＿＿＿。

5. 怠速时逐个切断各缸喷油器，检查发动机转速的下降值是否相等。如果某个缸在断油时发动机转速基本不变，说明该缸＿＿＿＿＿＿＿＿。

二、简答题

电控发动机运转不良的故障原因有哪些？